LE
SIÉGE DE TOUL

14 Août, — 23 Septembre 1870.

SOUVENIRS

D'UN SOLDAT DU 63ᵐᵉ DE LIGNE

SAINT-ÉTIENNE

IMPRIMERIE DE THÉOLIER Frères
Rue Gérentet, 12.

1876

LE
SIÉGE DE TOUL

14 Août, — 23 Septembre 1870.

SOUVENIRS

D'UN SOLDAT DU 63ᵐᵉ DE LIGNE

SAINT-ÉTIENNE

IMPRIMERIE DE THÉOLIER Frères
Rue Gérentet, 42.

1876

LE SIÉGE DE TOUL

14 Août — 23 Septembre 1870.

Souvenirs d'un Soldat du 63me de Ligne.

Importance militaire de Toul. — Ses moyens de défense

Toul, sous-préfecture du département de Meurthe-et-Moselle, est une ville de 7,800 âmes, qui commande à la fois la Moselle, le canal de la Marne au Rhin, le chemin de fer de l'Est et la route de Bar à Nancy.

C'est une place forte irrégulièrement bastionnée, un vrai nid à bombes situé au fond d'un bassin que forment les hauteurs d'Ecrouves, de Saint-Michel et de Dommartin.

Toul occupe une position militaire importante. Au moment de la guerre de 1870, il couvrait en deuxième ligne la section de frontière comprise entre la Moselle et les Vosges; il défendait l'accès du bassin de la Marne à l'ennemi qui, étant appuyé sur Sarrelouis, tournait les Vosges et éludait Metz par Nancy. Depuis que cette section de frontière a été si largement ébréchée par le traité de Francfort, Toul se trouve en première ligne ; c'est avec Verdun et Langre, l'un des jalons de la nouvelle frontière (1).

Des ouvrages sur les hauteurs qui l'entourent de très-près auraient fait de cette place de troisième ordre une forteresse capable de soutenir un long siége ; mais ses fortifications, suffisantes autrefois, ne pouvaient résister à la puissante artillerie dont sont armées les troupes allemandes.

Ces fortifications consistent en un simple front à la Vauban, d'un assez grand relief, avec de larges fossés ; des demi-lunes masquent et protégent les trois portes de France, de Metz et de Moselle. La faiblesse numérique de la garnison ne permit point d'occuper ces ouvrages.

Sur les remparts du corps de place formant neuf bastions se trouvaient en batterie 80 bouches à feu de différents calibres. Les batteries de 16 et de 24 furent blindées, au cours du siége, avec les arbres coupés sur les glacis.

La garnison se composait des 3e et 4e bataillons des gardes mobiles de la Meurthe, du dépôt du 63e de ligne fort de 400 recrues enfermées dans de vieux cadres, d'une centaines de gendarmes et de cuirassiers du 4e régiment. Ces divers éléments constituaient une force totale d'environ 2,200 hommes, sous le commandement de M. Huck, chef d'escadron de l'état-major des places.

La garde nationale sédentaire était dévouée : elle se comporta vaillamment.

Bien que ses moyens de défense ne fussent pas proportionnés à ceux de l'attaque, et avec une garnison sans unité, Toul a soutenu pendant quarante jours un siége qui

---

(1) Voir Lavallée : géographie militaire.

n'a pas été sans gloire pour les armes françaises ni sans utilité pour la défense du pays.

Investissement de Toul. — Attaque du 16 août.

Toul, comme nos autres places fortes de l'Est, se trouvait au mois de juillet 1870, dans un abandon d'autant plus condamnable que, depuis quatre ans, une guerre avec la Prusse était inévitable. Le maréchal Niel, dans la prévoyance d'un conflit, avait conçu un vaste plan de défense sur cette partie du territoire ; lui mort, tout fut oublié. Il semblait que le sein de notre patrie ne pût être déchiré par une invasion, tant notre ascendant militaire paraissait établi, même après Sadowa. Les défaites de Reischoffen et de Forbach sonnèrent l'alarme ; alors on se hâta avec tout le zèle possible de mettre les places frontières en état de défense. Toul pouvait être attaqué dans un bref délai, puisque l'armée allemande du Sud, maîtresse de la croupe des Vosges, menaçait la Champagne. Cette place reçut donc l'ordre de s'approvisionner de vivres pour un mois ; les canons furent hissés sur les remparts ; le génie termina les abris casematés, et des escouades de travailleurs commencèrent à raser les glacis et les abords.

Les heures étaient précieuses, mesurées par la marche rapide de l'ennemi. Bientôt, pour la troisième fois depuis moins d'un siècle, Toul eut le cruel spectacle de la défaite et de l'invasion. Quantité de soldats du 1er corps, artilleurs, zouaves, turcos, fantassins de la ligne et quelques-uns de ces héroïques cuirassiers de Reischoffen, traversèrent la ville pendant plusieurs jours pour se rendre à Châlons.

Tandis que le prince Royal de Prusse, poursuivant le maréchal de Mac-Mahon, laissait Toul sur sa droite, des corps allemands de l'armée du prince Frédéric-Charles faisaient irruption dans la vallée de la Moselle et remontaient cette rivière en s'assurant des passages : Novéant, Pont-à-Mousson, Frouard furent ainsi occupés par l'ennemi. Dès le 13 août, des coureurs prussiens paraissaient dans quelques communes voisines de Toul, notamment à Foug, sur la route de Commercy. Toul fut ainsi entouré d'ennemis ; toutefois cette patriotique cité de Lorraine achevait de nouer sa ceinture de pierre et attendait tranquille l'orage qui allait fondre sur elle.

Les Allemands parurent devant Toul le 14 août. L'observatoire établi sur l'une des tours de la cathédrale ayant signalé quelques vedettes ennemies, un peloton de gendarmes et de cuirassiers sortit de la ville pour les reconnaître. Mais sont-ils à peine éloignés d'un kilomètre de la place, que nos éclaireurs se voient subitement chargés par trois escadrons du 11me dragons prussiens, qu'avait masqués un rideau de houblonnières. Ces trois cents cavaliers, chargeant à fond de train, ramènent les cuirassiers et les gendarmes. L'un de ces derniers est tué dans la lutte. Ils font ensuite le tour des remparts sous la fusillade et détachent un groupe d'officiers, lesquels, précédés d'un trompette portant un drapeau blanc, s'avancent jusque sur les glacis de la porte de France. — « Nous venons, disent-ils à M. Dancre, lieutenant au 63me de ligne et adjudant de place, au nom du prince Frédéric-Charles, vous sommer de rendre la forteresse au roi Guillaume, notre Souverain. » M. Dancre répond comme Léonidas : « Venez la prendre. » Devant cette fière réponse les parlementaires prussiens se retirent.

Singulier effet des hasards de la guerre et aussi marque de la confusion qui régnait dans l'armée française ! Pendant que l'ennemi frappait à l'une des portes de la ville, des troupes françaises se retiraient par une autre. C'étaient deux batteries d'artillerie qui avaient été envoyées à Toul, vers les derniers jours du mois de juillet, à l'effet d'élever quelques fortifications détachées. Elles n'y avaient point trouvé d'ordre et aucun ordre n'arrivait. Enfin, le 14 août, au bruit de la marche des Allemands, ces batteries quittèrent Dommartin où elles étaient campées et prirent la route de Châlons.

Le chemin de fer de l'Est fut dès ce jour intercepté; le télégraphe fonctionna quelques heures encore; ainsi le commandant de place expédia au ministre de la guerre le télégramme suivant : « Reconnaissance faite par vingt cuirassiers et gendarmes et rencontre de trois escadrons de dragons prussiens ; un gendarme tué — sommation repoussée — gardes mobiles et nationaux se portent avec empressement aux remparts. »

La journée du 15 août ne fut signalée par aucun incident.

Le 16 août, au matin, quelques tirailleurs prussiens vinrent échanger des coups de fusils avec les postes français. Peu fréquentes d'abord, ces détonations acquièrent d'heure en heure une plus grande intensité, par l'arrivée successive des ennemis. L'observatoire découvre des masses se mouvant dans le lointain et se rapprochant sensiblement de la ville. On voit bientôt scintiller à travers la poussière les baïonnettes de l'infanterie.

Ces troupes appartenaient au 4me corps d'armée prussien (Alvensleben Ier), détaché de l'armée du prince Frédéric-Charles. D'après les dépêches allemandes du 14 août, le 4me corps marchait, en effet, sur Toul. Cette manœuvre se raccordait au plan tournant général exécuté par le prince, dont le résultat fut de couper le maréchal Bazaine de

Châlons et de le retenir sous Metz. Une brigade seulement du 4me corps fut chargée de tenter une attaque contre la forteresse pendant que le reste du corps s'élevait au Nord.

Cette brigade, sous les ordres du général Zychlinski, comprenait les 27me (Magdebourg) et 93me (Anhalt) régiments d'infanterie de ligne, un bataillon de chasseurs à pied, quelques escadrons de dragons et 4 batteries d'artillerie, environ 5 ou 6 mille hommes.

Les Allemands couronnent les hauteurs qui dominent le Nord de la ville, puis ils en descendent les pentes pour se former derrière Saint-Mansuy et le long du talus du chemin de fer, pendant que trois batteries d'artillerie prennent position à mi-côte du mont Saint-Michel.

Avant de commencer l'attaque, le général Zychlinski somme, mais en vain, Toul de se rendre. Alors, comme douze heures sonnaient à l'horloge de la cathédrale, la batterie prussienne établie à la Croix de Metz ouvre le feu ; elle est immédiatement appuyée par les autres batteries des Traits de la ville et de la Croix Jean-Leclerc. Pendant une heure, ces vingt quatre bouches à feu bombardent l'Hôtel-de-Ville, la cathédrale et la porte de Metz.

Cette canonnade, que l'on peut regarder comme un simple moyen d'intimidation, fut loin de produire l'effet désiré. L'animation était générale, et, chez les jeunes soldats de la garnison, les sentiments belliqueux étaient surexcités au plus haut degré, ainsi que cela se remarque souvent aux premières attaques. Aux premiers roulements de tambour, les gardes nationaux viennent occuper les banquettes à côté des soldats de la ligne et de la garde mobile. Tous attendent fiévreusement l'approche de l'infanterie ennemie. Deux heures s'écoulent de la sorte pendant que Prussiens et Français se tâtent, pour ainsi dire, à coups de canon. Enfin, les 27me et 93me régiments prussiens, ayant en réserve et à la garde des bagages le bataillon de chasseurs, se portent en avant sans sacs. Les soldats ont quitté le casque à pointe pour le béret. Tout d'abord, par une manœuvre qui ne s'explique guère, les dragons ennemis s'élancent au galop sur la ligne du chemin de fer, la suivent jusqu'au cimetière et remontent ensuite vers la côte Saint-Michel.

Une partie du 27me traverse la ligne du chemin de fer et se déploie en tirailleurs dans les jardins qui entourent la place. Un bataillon de ce régiment et le 93me traversent en colonne et au pas gymnastique le faubourg Saint-Mansuy. Mais dès qu'ils arrivent en vue des assiégés, à l'extrémité du faubourg, ils sont accueillis par un feu violent de mousqueterie qui jette le trouble dans leurs rangs. Néanmoins, vigoureusement soutenus et entraînés par leurs officiers, les ennemis avancent tête baissée et franchissent l'espace qui est à découvert en avant de la Demi-Lune. Cet ouvrage étant inoccupé le protége contre le feu des remparts, si bien qu'ils peuvent impunément défiler devant le pont-levis de l'avancée (porte de Metz).

Le chef de la colonne fait alors déployer une première ligne de tirailleurs, puis une seconde qui va renforcer la première. Ces tirailleurs, en s'abritant derrière les arbres que le génie n'avait pas encore rasés, parviennent jusqu'à la crête des glacis. Là, ils fixent en terre leur sabre dont la garde sert de point d'appui au fusil, et ils ouvrent un feu rapide, tandis que le soutien formé sur le chemin de ronde exécute des salves.

Quoique très-nourrie la fusillade du Dreysse n'est pas meurtrière, car les assiégés n'offrent qu'un but imperceptible à l'ennemi, et ce dernier est trop près des remparts pour faire un feu plongeant. Ses balles n'atteignent que la terre ou vont se perdre dans la ville.

De tous les points de la demi-circonférence qu'entourent

les assaillants, les Français font pleuvoir une grêle de projectiles. L'artillerie ne s'attaque plus à celle de l'ennemi, mais elle balaye les glacis de sa mitraille. Telle était la fréquence de la canonnade que le bruit du chassepot cessa un moment d'être distinct.

Bientôt la position devint intenable aux Prussiens. Ils furent forcés de rétrograder, après des pertes sensibles.

Mais alors les batteries de la côte et quelques pièces en position le long du canal font converger leurs feux sur les bastions 43, 44, 45 et 37. Plusieurs gardes mobiles et nationaux et un officier de cuirassiers sont frappés à mort.

Ce dernier effort ne pouvait changer le résultat de la journée. La 14me brigade d'infanterie s'était heurtée à une résistance énergique devant laquelle il lui fallait plier. Jugeant donc inutile et téméraire de s'opiniâtrer dans son attaque, le général Zychlinski fit sonner, après six heures de combat, le signal de la retraite. Ses troupes rentrèrent en désordre dans Saint-Mansuy et, sourdes à la voix de leurs chefs qui s'efforçaient de les contenir, elles se dispersèrent dans toutes les directions. Les Prussiens perdirent environ cinq ou six cents hommes tués ou blessés ; la garnison n'eut qu'une 15e d'hommes hors de combat. Cette disproportion n'a pourtant rien qui doive étonner si l'on examine les positions respectives des combattants.

Bombardement des 21 et 23 août.

Après le coup de main infructueux du 16 août, la brigade de Zychlinski rallia le 4me corps, lequel forma avec la garde royale et le 12me corps Saxon la quatrième armée, dite armée de la Meuse, et elle fut remplacée devant Toul par quelques détachements de l'armée du Sud. Mais ceux-ci, trop faibles en nombre et d'ailleurs instruits par l'échec précédent, restèrent sur la réserve. Ils se bornèrent à élever au-dessus de Dommartin des ouvrages de campagne, à créneler les murs, en attendant d'avoir le matériel suffisant pour bombarder la forteresse. De la cathédrale on distinguait tous les mouvements des ennemis; aussi, le 21 août, afin de déloger l'incommode guetteur que recelait la tour de ce monument, la batterie prussienne de Dommartin y lança quelques obus. Le tir, quoique d'une justesse surprenante n'eut d'autre résultat que de briser quelques colonnettes et de dégrader l'architecture élégante de la cathédrale.

Les renforts qu'attendaient les Allemands leur arrivèrent dans la nuit du 22 au 23. A la faveur d'une sombre nuit, les Bavarois hissèrent deux batteries d'artillerie, de six pièces chacune, sur le mont Saint-Michel ; les Prussiens échélonnèrent six batteries de huit pièces sur le rivage de la Moselle, entre Dommartin et Chaudeney, à environ 1,800 mètres des remparts. Le matin, à sept heures et demie, ces soixante pièces d'artillerie commencèrent le bombardement. — Le temps était pluvieux ; de la vallée s'élevaient sans cesse des brouillards qui se condensaient en une pluie fine et pénétrante. — Ce fut une circonstance heureuse, car la pluie aida beaucoup les pompiers à maîtriser les incendies. Néanmoins, les magasins à fourrage, qui sont situés derrière la courtine reliant les bastions 38 et 39, furent entièrement consumés. La flamme y trouvait un trop facile aliment, et les batteries de la plaine faisaient converger une partie de leurs feux sur ce point. Sur l'Esplanade de Moselle, la caserne de cavalerie brûlait avec une flamme jaune, à cause de la grande quantité de tabac qui y était accumulée. Différentes maisons particulières, vers la place

Dauphine, deviennent, en outre, la proie des flammes. Deux pièces furent démontées sur les remparts ; l'une d'elles reçut dans l'âme l'enveloppe de plomb d'un obus. La garde mobile perdit une dizaine d'artilleurs tués ou blessés ; l'ennemi n'eut que des pertes insignifiantes, la place ayant très-peu tiré. Prenant le silence des assiégés pour un signe de découragement, un commandant bavarois vint les sommer de se rendre, avec promesse des honneurs de la guerre. M. Huck répondit qu'il tiendrait jusqu'au bout. Dans l'espoir de faire fléchir sa volonté, Prussiens et Bavarois reprirent le bombardement avec une extrême vigueur. En moins d'une heure plus de mille obus éclatèrent sur la ville ; puis, subitement, le feu fut interrompu, et l'ennemi se retira avec précipitation. Nous devons croire qu'il avait dû rallier le prince royal de Prusse.

Période de blocus. — Espoir de délivrance. Proclamation de la République.

Depuis ce jour jusqu'au 10 septembre 1870, la ville n'eut à subir aucune attaque. Deux insuccès avaient prouvé que l'artillerie de campagne ne pouvait vaincre une forteresse résolue à se défendre, et qu'il fallait pour cela des canons capables de renverser des murailles. En l'absence d'un parc de siége, les Allemands furent réduits à former simplement le blocus. Le général Schimmelmann, qui commandait les assiégeants, distribua ses troupes en plusieurs postes reliés entre eux ; leur nombre ne s'éleva pas, à un moment donné, au-dessus de 1,500 hommes. Mais il se trouvait, aux stations d'étapes de Void, Vaucouleurs, Colombey, des forces assez nombreuses qui se fussent repliées sur Toul, s'il en eut été besoin.

Le blocus n'était pas trop rigoureux. Beaucoup de personnes allaient visiter leurs champs et leurs vignes. Quelques jeunes gens vinrent de Nancy même prendre du service dans la garnison. La place, de son côté, ne négligeait aucun moyen de rentrer en communication avec le reste du pays et de s'informer des faits de guerre. Une dépêche apocryphe annonça que le maréchal de Mac-Mahon avait remporté une grande victoire en Champagne ; que Bazaine, par ses sorties, faisait éprouver des pertes énormes à l'armée prussienne. Dérision amère ! Mais quand un siége isole une ville du reste du monde, on y est si avide de nouvelles que tous les bruits trouvent leurs crédules. Les Toulois croyaient ces faiseurs d'histoires. Si le guetteur apercevait de la cathédrale des convois sillonnant les routes, l'imagination publique les transformait en convois de blessés se retirant au plus vite, et, devant ces preuves de carnage et de précipitation, nul ne doutait que réellement il y avait eu bataille et que le triomphe était à nous. Toul est dans l'allégresse. On voit cette cité encore fumante prendre un air de fête et se pavoiser. Des *Te Deum* sont chantés dans les églises, et, le 4 septembre, une grande revue de toutes les troupes de la garnison est passée sur l'Esplanade de Moselle.

On parlait aussi de l'arrivée prochaine d'une armée française. Un soir, on entend des grondements lointains, comme le bruit du canon. Ce sont les Français, s'écrie-t-on ; on monte sur les remparts, on interroge l'horizon : rien ne paraît..... C'était bien le canon, et les Prussiens le tiraient en signe de réjouissance.

Sur ces entrefaites, un officier allemand se présenta devant le gouverneur et lui annonça le désastre de Sedan. Cette communication ne trouva aucune créance ; l'espoir restait dans tous les cœurs, lorsque, le 8 septembre, revint de Mirecourt un brave Toulois qui s'était fait l'émissaire de la place. Ce digne citoyen rapportait cousues dans ses vêtements la proclamation des derniers ministres de l'empire : « Un grand malheur frappe la patrie. » et celle du gouvernement de la République. Ces proclamations sont aussitôt affichées ; en même temps le maire exhorte la population au calme et à l'union. Devant un groupe de soldats et d'habitants, un franc-tireur fait la lecture d'un numéro de la *Liberté* qui donne quelques détails sur la défaite de Sedan. L'annonce de ces revers n'ébranle pas la résolution de résister, et si maintenant Toul ne peut plus espérer un secours extérieur, il trouvera des forces en lui-même pour repousser les futures attaques.

Par de nombreux travaux exécutés pendant la période de blocus, le génie avait augmenté la force de la place. Les abords de l'enceinte que les Prussiens avaient trouvés couverts le 16 août, furent rasés et sur quelques points inondés. L'artillerie avait des approvisionnements considérables, grâce au grand parc de l'armée du Rhin qui était venu s'échouer à Toul. Les cartouches chassepot étaient en petite quantité par suite de la grande consommation qui en avait été faite depuis le commencement du siège, mais restaient les fusils à tabatière avec plusieurs millions de cartouches. Enfin, la garnison était pleine d'entrain et singulièrement énorgueillie par ce décret du gouvernement de la Défense Nationale : La résistance de la ville de Toul continue malgré l'effort de l'ennemi ; le gouvernement de la Défense Nationale, vivement touché du dévouement de cette glorieuse cité, décrète qu'elle a bien mérité de la patrie.

10 septembre. — Bombardement continuel. — Capitulation.

Le courage des assiégés fut mis à une nouvelle épreuve le 10 septembre. Cette épreuve fut la plus rude. Les batteries allemandes, renforcées des canons pris à Marsal, tonnent sur la ville, de quatre points différents. Heureusement le tir n'a pas la redoutable précision des premiers jours ; beaucoup de bombes éclatent sur les glacis ou se perdent dans les fossés. Cependant, quelques-uns de ces gros projectiles, tombant sur des maisons peu solides, font des dégâts considérables.

La place répond vigoureusement ; les artilleurs de la garde mobile, mieux exercés, manœuvrent les pièces avec rapidité et sang-froid, et leur feu prend en peu de temps un ascendant marqué sur celui de l'ennemi. Quelques coups pointés par des artilleurs habiles, entre autres le gendarme Barbiche qui se fit une grande réputation d'adresse, portent au milieu des batteries prussiennes. Après dix heures d'une incessante canonnade, les assiégeants ont quinze canons démontés sur la route d'Ecrouve et à la Faïencerie. L'explosion d'un caisson rempli d'artifices achève de les réduire au silence sur ces deux points. Les pièces de campagne du Mont-Saint-Michel restent seules à soutenir le combat, et jusqu'à la nuit avancée, elles s'acharnent sur les bastions 41, 42 et 43, d'où partent de meurtrières décharges.

Le lendemain, les pionniers prussiens se mirent à l'œuvre pour réparer leurs ouvrages bouleversés : le feu de la place les délogea à plusieurs reprises et finit par les éloigner. Mais pendant la nuit ils purent travailler sans être inquiétés, et le douze au matin, les assiégeants recommencèrent le bombardement. On remarqua que le tir était spécialement dirigé sur les bastions 41 et 42 et sur les casemates situées le long de la courtine de ces deux bastions.

Depuis le 10 septembre, le siége était entré dans une phase sérieuse. Les derniers événements avaient augmenté l'importance de la ville qui, par suite de la marche de l'armée allemande du Sud sur Paris, se trouvait sur sa ligne d'opérations. A la fin du mois d'août, le général de Moltke avait fait construire par des ouvriers de Trèves et de Sarrebrück un chemin de fer courant au Sud-Est de Metz, de Pont-à-Mousson à Remilly, point où il se raccordait avec la ligne de Sarrebrück. On conçoit dès lors l'immense avantage que les Allemands pouvaient tirer de la possession d'une ligne ferrée se prolongeant de leur pays sans solution de continuité jusque sous les murs de Paris. Toul, aux mains des Français, était un obstacle ; il était donc nécessaire de s'en emparer au plus tôt. Plusieurs compagnies d'artilleurs de forteresse furent envoyées devant Toul et l'arsenal de Cologne expédia des canons Krupp de 24 lançant des obus cylindro-coniques de 28 kilog. et des mortiers ayant un diamètre de 226$^{m/m}$, portant sous un angle très-ouvert des bombes de 27 kilog.

Outre ces formidables engins de destruction, sous lesquels succombait l'héroïque Strasbourg, il y avait, comme on l'a vu, les pièces de campagne de Dommartin et de Saint-Michel. Cette dernière batterie, qui contribua le plus à la chute de la ville, était composée de vingt pièces, lesquelles tirèrent alternativement, d'abord toutes les heures, puis toutes les demi-heures, enfin toutes les cinq minutes ; elles étaient braquées de préférence sur la cathédrale et sur l'église Saint-Gengoult. Les artilleurs prussiens voyaient distinctement tout ce qui se passait dans l'intérieur de la ville : un groupe se formait-il à leur vue, qu'il était aussitôt salué par un obus. C'est ainsi que six soldats du train (les seuls qui fussent à Toul) furent écharpés par le même projectile sur l'Esplanade de Moselle. Parfois, la batterie de Saint-Michel faisait un feu roulant. Le 19 septembre, entre autres, en moins d'une heure, plus de 300 obus éclatèrent sur la cathédrale.

D'autre part, des fantassins ennemis entretiennent un feu plongeant des plus incommodes. Les habitants même ne peuvent faire un pas hors des remparts sans devenir leur point de mire : une femme qui allait ramasser des pommes de terre et un homme qui conduisait des chevaux sont tués sur le glacis même. Cependant, les pionniers travaillaient sans relâche à de nouvelles tranchées. C'est alors qu'une sortie eût été opportune : malheureusement, il était impossible de l'exécuter avec chance de succès, par suite du petit nombre d'hommes disponibles. Toul n'avait qu'à souffrir avec résignation les ravages d'un bombardement continuel et, au jour suprême, attendre l'ennemi sur la brèche.

Deux faits dignes de remarque signalèrent les derniers jours du siège. C'est d'abord la destruction, par des sapeurs prussiens, du barrage mobile qui retenait dans les fossés l'eau prise à la Moselle. Ce barrage fut rétabli aussitôt après, mais d'une manière incomplète, et, depuis, le niveau de l'eau ne cessa de baisser.

L'autre fait est l'occupation par l'ennemi des faubourgs Saint-Èpre et Saint-Mansuy. Ces deux faubourgs sont assis tout près des fortifications. Ils gênaient considérablement la défense, Saint-Mansuy principalement, qui avait servi, le 16 août, de point d'attaque et de refuge aux troupes prussiennes. Une pensée toute humanitaire avait fait différer leur destruction, car, malgré des invitations réitérées, les habitants n'en étaient pas sortis. Les Allemands s'y étant ensuite logés, la place fut forcée de recourir à cette mesure extrême. Le 21 septembre donc, sur les cinq heures du soir, l'artillerie mit le feu à ces faubourgs. En peu d'instants Saint-Mansuy est en flammes. Les pièces de Saint-Michel tonnent à leur tour. Au fracas d'une double artillerie s'ajoutent les clameurs des malheureux habitants qui fuient l'embrasement de leurs maisons, le roulement des caissons et le tumulte d'une troupe surprise. Les Prussiens évacuent le faubourg en grande hâte, non sans se permettre quelques bravades si chères à leur orgueilleuse nation : ainsi, deux officiers montés viennent caracoler jusque sur le bord du fossé et décharger leurs rewolvers. Saint-Mansuy fut complètement dévoré par les flammes; mais le feu se propagea d'une manière insignifiante dans Saint-Èpre. Les ennemis, furieux, se vengèrent la nuit suivante en incendiant les Grands-Moulins qui sont situés à une petite distance de la porte Moselle.

Le 22 septembre, le grand-duc de Mecklembourg-Schwerein, le vainqueur de Laon, arriva devant Toul. Il conduisait la 17me division, composée de Prussiens et des troupes de son duché, lesquelles formaient le 90me de ligne, le 14me bataillon de chasseurs, plusieurs bataillons de Landwehr et des batteries d'artillerie aux superbes attelages.

Du haut du mont Barine (au nord-ouest du mont Saint-Michel), le duc Guillaume put voir cette ville qui s'effondrait sous les coups d'une artillerie irrésistible : spectacle bien fait pour le consoler de sa mésaventure de Laon. Les assiégeants n'avaient pas moins de 150 bouches à feu en batterie, et la chute de la forteresse bombardée sans trève depuis douze jours ne dépendait plus, pour ainsi dire, que d'un simple calcul d'ingénieur. Il s'agissait de faire brèche, et les 15,000 hommes de la 17me division s'élanceraient à l'assaut.

Pendant toute la nuit du 22 au 23 septembre, les convois de munitions ne cessèrent de défiler sur la route de Dommartin. Le 23, à cinq heures du matin, la vigie de Saint-Michel ayant donné le signal, toutes les batteries allemandes envoient successivement leurs formidables volées. A huit heures, le bombardement acquiert une intensité de dix coups à la minute. Bientôt la ville est en feu, d'épaisses colonnes de fumée obscurcissent d'abord le ciel, puis les flammes jaillissent en gerbes immenses qui se tordent sous l'action du vent et illuminent l'horizon d'un reflet rougeâtre.

Pendant que les pièces de siége battent en brèche, les batteries de la Côte-Saint-Michel et de Dommartin balayent les remparts en tous sens. Les cavaliers et les parapets sont comme un champ profondément labouré, surtout aux bastions 39, 40 et 41 que l'ennemi paraissait avoir choisi comme front d'attaque. Ces bastions deviennent intenables. Un obus de 24 pénètre dans un abri casematé du bastion 39 et met hors de combat dix soldats dont l'un eut la tête tranchée.

La porte de France est littéralement foudroyée. Malgré son épaisseur, le tablier est en plusieurs endroits percé à jour. Des boulets brisent les chaînes qui retiennent le pont-levis de l'avancée et le pont-levis tombe sur le fossé. En vain quelques courageux gardes-mobiles s'efforcent de le replier : les obus pleuvent autour d'eux et entrent par enfilade dans la demi-lune. Il leur faut reculer.

Le tir des batteries françaises demeure impuissant contre un ennemi établi dans de fortes positions, muni d'engins de destruction d'une puissance écrasante. Ainsi, au bastion 39, la batterie blindée que commande le lieutenant Lipmann est assaillie par des coups d'embrasure qui démontent les pièces, tuent ou blessent la moitié des servants.

Après un honorable effort, ce bastion est vaincu et les Allemands se tournent contre son voisin de droite le bastion 40.

On éprouve dans un bombardement aussi intense un tel sentiment d'inévitabilité que les plus braves même peuvent être envahis par le découragement. Cette lutte de l'assiégé qu'un assiégeant invisible et supérieurement armé écrase de loin, ne ressemble-t-elle pas à un duel où l'un des combattants n'aurait qu'un poignard pour se défendre contre un adversaire armé d'une épée ? Le feu de la place devient en quelque sorte convulsif, comme le dernier effort d'une résistance qui s'éteint.

En ce moment, le commandant de l'artillerie, M. Barbé-Smith, parcourt les remparts, ranimant les cœurs par l'exemple contagieux de son courage. Il arrive au bastion 39 ; là, droit sur le parapet, indifférent aux projectiles qui sifflent autour de lui, il examine longuement la position des assiégeants. Il veut faire dégager le bastion 40, mais il ne reste plus que les pièces de flanc en état de servir. M. Barbé-Smith s'adresse alors au lieutenant du 63me, chef du poste d'infanterie, et lui demande s'il ne pourrait pas avec des hommes de bonne volonté, riposter avec le chassepot. — « Mes hommes sont tous de bonne volonté, n'est-ce pas mes enfants ? répond l'officier en se tournant vers ses soldats, mais ils se feront tuer inutilement. »

La poudrière et les casemates reçoivent une quantité de bombes que l'ennemi envoie de Saint-Mansuy. Plusieurs de ces projectiles passent par-dessus les casemates et tombent sur l'hôpital Saint-Charles.

A trois heures, les Allemands ont lancé quatre mille bombes et obus. Leur feu s'arrête alors graduellement. Le canon de la place s'était déjà tû. Quatre-vingts maisons, les hôpitaux militaire et Saint-Charles, des ambulances, les casernes et les magasins à fourrage étaient en ruines ; le beau quartier de l'Esplanade de France était criblé. Partout l'incendie avait promené ses ravages, malgré les efforts des pompiers qui s'étaient prodigués dans cette journée comme dans les précédentes. Plusieurs de ces héros obscurs tombèrent à leur poste, le plus périlleux de tous.

Une vingtaine d'habitants furent tués, blessés ou axphyxiés dans leurs caves. On cite une famille dont le fils fut grièvement blessé en manœuvrant une pompe, la fille coupée en deux par un obus, et la mère rendue folle de douleur. Quand on voit de pareilles horreurs, on ne peut que s'élever contre le système de bombardement érigé en théorie par les militaires allemands, système odieux qui, en poussant les nécessités de la guerre jusqu'aux dernières limites, atteint la barbarie. Français, qui avons vu ces jours de deuil, souvenons-nous !

Pendant ce malheureux jour, la situation de Toul avait bien empiré et l'on se demandait si l'heure de sa reddition n'allait pas bientôt sonner. Les remparts n'étaient pas fortement entamés, il est vrai, mais il suffisait, d'après le rapport des hommes compétents, de vingt-quatre heures pour ouvrir une brèche. Le pont-levis de l'avancée de la porte de France était abattu. Plusieurs bastions ne pouvaient plus se servir de leur artillerie. Un assaut était imminent, et des hauteurs de Dommartin et de Saint-Michel, dont les feux croisés prenaient les remparts en écharpe, les Allemands écraseraient les colonnes chargées de le repousser. Il y avait donc lieu de craindre qu'une attaque de vive force ne devint victorieuse, et qu'on exposât la ville à toutes les rigueurs d'une prise d'assaut.

Ces diverses considérations décidèrent le conseil de défense à rendre la forteresse. Notons, en passant, que la commission d'enquête sur les capitulations, si elle a blâmé le gouverneur de n'avoir pas détruit le matériel et les munitions de guerre, l'a félicité de sa longue défense.

Le drapeau blanc est hissé sur la cathédrale ; à l'instant, comme si l'âme de la résistance vient de s'exhaler des plis de ce fatal emblème, les ennemis arrivent en foule sur les glacis en chantant des hymnes patriotiques ; des officiers d'artillerie font le tour des fortifications en examinant surtout les bastions qu'ils avaient criblés le matin.

Cependant, M. Huck s'abouchait avec un colonel prussien, délégué par le commandant en chef, pour arrêter la capitulation. Après un long débat, ils rédigèrent l'acte suivant, dont l'article six est à remarquer :

Entre les soussignés : colonel von Krenski, délégué par S. A. le grand-duc de Mecklembourg-Schwerin, commandant le 13me corps d'armée, d'une part ;

Et le chef d'escadron Huck, gouverneur de la forteresse de Toul, d'autre part ;

A été passée la convention suivante :

Article I. — La forteresse de Toul, avec tout le matériel de guerre qu'elle renferme, est remise au pouvoir de S. A. le grand-duc de Mecklembourg-Schwerin ;

Article II. — La garnison de Toul, comprenant tous les hommes qui ont porté les armes pendant toute la durée de la défense, est prisonnière de guerre. Sont exceptés de cet article les gardes nationaux et les gardes mobiles qui habitaient la ville avant que la guerre fut déclarée.

Article III. En considération de la courageuse défense de cette place durant six semaines et contre des forces supérieures en nombre, la liberté sera laissée à tous les officiers et hauts fonctionnaires militaires, qui engageront par écrit leur parole d'honneur de ne plus porter les armes contre l'Allemagne durant cette guerre et de n'agir en rien contre ses intérêts. Ceux qui souscriront à cette condition conserveront leurs armes, leurs chevaux et leurs effets.

Article IV. — Après la signature de la présente convention, la garnison sera conduite sans armes sur le glacis devant la porte de France. Les officiers se rangeront sur la route qui mène à la station.

Article V. — L'inventaire du matériel de guerre, contenant drapeaux, canons, armes, chevaux, caissons, munitions, etc., sera remis avant ce soir entre les mains du major général Schumann.

Article VI. — Vu l'accident fâcheux survenu lors de la reddition de la forteresse de Laon, il est convenu que si pareille chose se renouvelait à Toul, à l'entrée des troupes allemandes, la garnison tout entière serait livrée à la merci de S. A. le duc de Mecklembourg.

Article VII. — Tous les médecins militaires, sans exception, resteront pour soigner les blessés.

Fait à Toul, sur le glacis devant la porte de France, le 23 septembre 1870, à 7 heures du soir.

Signé : V. KRENSKI.

E. HUCK.

Toutes les troupes de la garnison étaient rangées en bataille devant leurs quartiers respectifs. Les visages étaient mornes et accablés. On forme les faisceaux : beaucoup en se séparant de leurs armes ne pouvaient s'empêcher de verser des larmes ou de manifester des sentiments de rage.

Les chefs de corps et les officiers adressent des adieux émus à leurs soldats, et on se met en marche vers les portes. Quand le dernier Français eut quitté Toul, les Allemands firent leur entrée dans la ville au son des fifres et des tambours jouant la marche Wacht am Rhein!

www.ingramcontent.com/pod-product-compliance
Lightning Source LLC
Chambersburg PA
CBHW070544080426
42453CB00029B/1929